JAGER AFRICANER

OU CONVERSION

D'UN PRINCE HOTTENTOT.

—

TRADUIT DE L'ALLEMAND

Par V. de W.

—

PRIX : 20 CENT.

—

A PARIS,

CHEZ DELAY, RUE TRONCHET, 2;

A TOULOUSE,

TARTANAC, rue du Collége-Royal, 14.

—

1845.

JAGER AFRICANER,

OU CONVERSION

’UN PRINCE HOTTENTOT.

JAGER AFRICANER

OU CONVERSION

D'UN PRINCE HOTTENTOT.

—

TRADUIT DE L'ALLEMAND.

Par V. de W.

A PARIS,

CHEZ DELAY, RUE TRONCHET, 2;

A TOULOUSE,

Chez Tartanac, rue du Collége-Royal, 14.

—

1845.

Publié par la Société de Livres religieux,
à Toulouse.

TOULOUSE, IMP. DE A. CHAUVIN ET COMP.

JAGER AFRICANER,

OU CONVERSION

D'UN PRINCE HOTTENTOT.

———◁◦▷———

I.

AFRICANER ET SA TRIBU SONT REPOUSSÉS DE LEUR PAYS NATAL.

A la pointe méridionale du continent d'Afrique, dans une contrée où les plantes les plus rares de nos serres et les plus magnifiques fleurs croissent sauvages dans les champs, est située la *ville du Cap*. Elle fut construite, il y a environ deux cents ans, par des émigrés hollandais. Aujourd'hui elle appartient aux Anglais, et le territoire qui en dépend, le *pays du Cap*, s'étend au nord, sur un espace à peu près égal à dix fois la Suisse.

Dans le centre de ce territoire, à la distance d'environ cent milles anglaises de la ville du Cap, près des montagnes Wit-

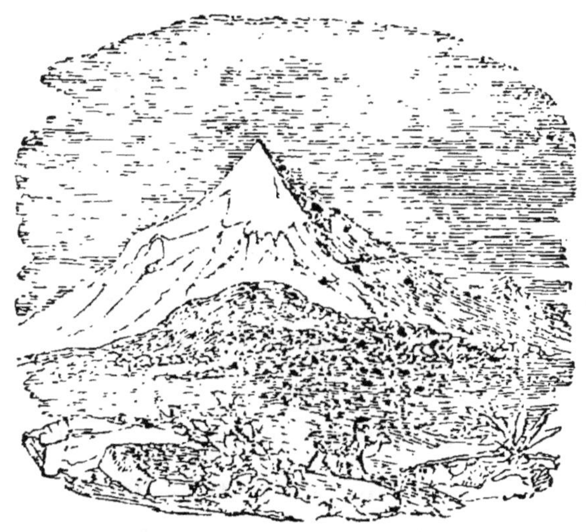

semberg et Winterhouk, fut jadis la patrie d'une tribu de Hottentots; c'est le nom des aborigènes du pays. Là vivaient dans une sauvage liberté ces descendants de Cam, au teint basané, au nez aplati, aux lèvres renversées. Leur regard vif errait sans souci et presque sans pensée dans les vastes savanes. Leur tête, ombragée d'une chevelure noire et crépue, bravait les ardeurs d'un soleil tropique. Une toison de brebis les garantissait à peine des injures du temps. D'une taille élancée, nerveux et agiles, ils parcouraient les collines et les vallées, paissant leurs troupeaux, se désaltérant à leurs rivières, chassant leur gibier dans les forêts, et ne songeant qu'à jouir d'un droit et d'une propriété que, de temps immémorial, avaient possédés leurs pères. Le chef de la tribu, déjà avancé en âge, avait adopté le nom de famille : *Africaner.*

Cependant le nombre des colons augmentait d'année en année. Ils pénétrèrent dans les montagnes et prirent possession des plateaux situés sur le versant opposé. Les forêts disparaissaient sous leur hache; ils mettaient en culture les terres, et s'emparaient des pâturages au profit de leurs troupeaux. On eût dit qu'à ces intrus à peau blanche appartenait le monde entier. Les pauvres Hottentots étaient forcés de se replier devant la civilisation, l'astuce et la puissance de ces nouveaux venus. Peu à peu la tribu d'Africaner fut repoussée de l'héritage de ses pères.

Le vieux Africaner avait abdiqué ses droits de chef en faveur de son fils aîné, *Jager Africaner*. Quoique très-jeune alors, Jager montrait déjà un esprit hardi et intelligent. Toutefois il ne put résister aux progrès des Européens. Maintefois il fut obligé de rompre ses huttes, et de cher-

cher avec sa tribu un nouvel asile. Enfin,

las de ces migrations continuelles, il résolut de se soumettre. Lui et toute sa tribu se mirent au service et sous la protection d'un colon hollandais.

II.

AFRICANER ET SA TRIBU ENDURENT DE GRANDES SOUFFRANCES DE LA PART DES BLANCS.

Pendant bien des années, Africaner et ses gens gardèrent les troupeaux de leur maître. L'ancien chef hottentot était un fidèle et intrépide berger. Souvent, quand les Bushmen, ces enfants vagabonds du désert, avaient pillé quelques pièces de bétail, Africaner se mettait en campagne, et, les armes à la main, leur arrachait de nouveau leur proie. Il déployait dans son service autant d'audace que d'adresse. Lui et tous les siens apprirent à manier admirablement les armes à feu, s'exercèrent à l'art de la guerre, à l'attaque comme à la défense.

C'étaient là de dangereuses armes entre les mains de gens qui vivaient sans Dieu en ce monde, et dont les cœurs étaient semblables aux flots mobiles d'un lac qui , par un ciel serein, demeure longtemps calme et paisible; mais, quand l'orage approche, il se soulève et s'irrite avec un

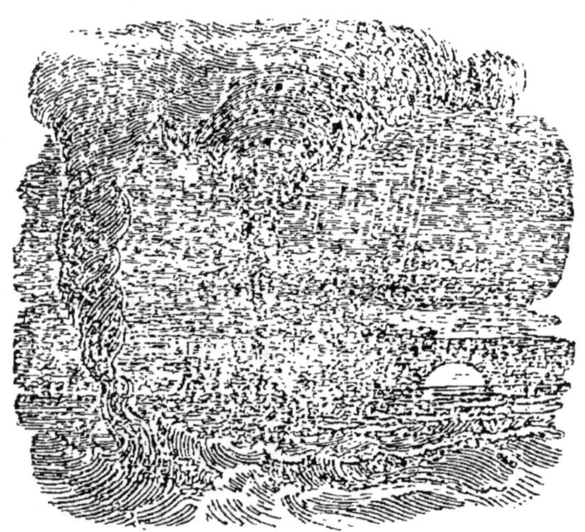

mugissement effroyable. Ces Hottentots étaient les derniers des païens, sans religion quelconque. Ils ne priaient pas même de *faux* dieux ; *ils ne priaient point du tout.* Ils n'avaient aucune notion d'un œil invisible qui les vît, ou d'une oreille invisible qui les entendît. Jamais il ne leur venait la pensée d'un autre monde que ce pauvre monde qui frappait leurs regards. Lors même qu'ils vivaient sur les terres d'un seigneur qui s'appelait chrétien, personne ne s'avisait de leur parler de Dieu ou de sa Parole. Africaner avait bien entendu çà et là prononcer le nom de Dieu ; mais il ne savait ce qu'il signifiait ; il pensait (lui-même l'a dit plus tard) que c'était un petit insecte ou quelqu'autre objet que l'on pût mettre dans une tabatière.

La prospérité des troupeaux confiés aux soins du chef hottentot allait croissant. Cependant *Piémaar*, ainsi se nommait le seigneur hollandais, ne songeait nullement à lui en témoigner sa gratitude. Au contraire, cet homme hautain, dur et cruel ne traitait pas même avec humanité ses serviteurs hottentots. Les maîtres européens considéraient les indigènes comme n'appartenant qu'à demi à l'espèce humaine. Africaner souffrit une longue série d'injustices

et de mauvais traitements. Sa tribu se ré-
duisait peu à peu à une poignée de gens ;
les femmes et les jeunes filles étaient dés-
honorées, les enfants égorgés. Lui-même
recevait une nourriture si misérable, qu'en
des jours meilleurs il eût à peine osé en
présenter une semblable au pauvre qui
mendiait à sa porte. En même temps des
bruits alarmants commençaient à se répandre. On allait, disait-on, faire des
Hottentots des soldats anglais, et les con-
duire au-delà des mers, afin qu'ils ne re-
vissent plus jamais leur chère patrie. Alors
l'esprit de ses ancêtres, qui avait longtemps sommeillé dans le cœur humilié du
chef, surgit de nouveau. Il se prépara à
la résistance.

D'abord Africaner sollicita son seigneur
d'accorder enfin à sa tribu une équitable
récompense de ses longs services, puis
de permettre qu'elle s'en allât en paix,
hommes, femmes et enfants, chercher
dans des contrées éloignées une nouvelle
patrie. Cette demande fut rejetée outra-

geusement. La rigueur et l'oppression re-
doublèrent. Africaner eut des indices cer-
tains qu'un complot s'ourdissait contre lui
et ses gens. On projetait de les envoyer à
une ferme voisine , comme pour une es-
carmouche. Là, avec des forces supérieu-
res , ils devaient être enveloppés et faits
prisonniers, au nom du gouvernement ;
car Piémaar était revêtu d'une autorité
semblable à celle d'un juge de paix. Quand
Africaner vit les choses en venir à cette
extrémité, il refusa d'obéir. Ordres sur
ordres furent envoyés dans les huttes ;
personne ne bougea. Alors le seigneur,
exaspéré par une désobéissance aussi inat-
tendue et aussi obstinée, somma les récal-
citrants de comparaître immédiatement à
la porte de sa maison.

C'était le soir, à nuit tombante , quand
Africaner, accompagné de ses frères et
de quelques autres hommes de la tribu ,
se rendit à l'appel du maître. Ils mar-
chaient lentement et en silence. Le cœur
leur battait. Ils n'avaient point encore des

pensées de violence, mais dans leur âme outrée se préparait une tempête. *Titus*, frère d'Africaner, portait avec lui un fusil pour le cas où ils seraient poussés au désespoir; dans l'obscurité, il lui était facile de le cacher derrière son dos. Ils arrivent à la porte de la maison. Jager marche en tête, résolu de porter enfin les griefs de son peuple aux oreilles de son oppresseur. Il monte d'un pas ferme les marches de l'escalier. Tout-à-coup le maître paraît, se jette sur lui comme un forcené, et d'un seul coup le précipite à la renverse sur le seuil de la maison. Au même instant Titus le couche en joue, le coup part, Piémaar chancelle, il tombe. Les Hottentots pénètrent par dessus son cadavre dans l'intérieur de la maison.

La femme du malheureux Piémaar, qui l'avait vu succomber, jeta des cris de détresse et supplia qu'on lui fît grâce. « Nous ne voulons vous faire aucun mal, lui répondit-on ; donnez-nous la poudre, le plomb et les fusils qui sont en votre maison, et ne laissez sortir personne de votre famille pendant la nuit ; car nous ne pouvons répondre de tous ceux qui rôdent dans la contrée. » Là-dessus les Hottentots se retirent. Quel changement s'était opéré en eux !

III.

AFRICANER DEVIENT CHEF DE BRIGANDS.

Après le crime qui venait d'être commis, il n'y avait plus de sécurité pour Africaner

dans tout le territoire de la colonie du

Cap. Il ne perdit point de temps. Rassemblant à la hâte les débris de sa tribu, il partit avec femmes et enfants, et avec le peu qu'il pouvait ramasser de propriété, et se dirigea au nord vers le fleuve Orange, à travers les sables brûlants d'un immense désert. La puissance des Européens ne s'étend pas encore jusqu'aux forêts qui bordent ce fleuve. L'hippopotame se baigne tranquillement dans ses eaux, et le rugissement des tigres et des lions retentit sur ses rives. De l'autre côté du fleuve habitent les aborigènes de l'intérieur de l'Afrique.

Africaner était arrivé à sa destination, longtemps avant que la main de la justice pût l'atteindre, ou que les voisins de Piémaar, éloignés les uns des autres, pussent rassembler leurs forces et le poursuivre. Il obtint d'un chef de *Namaquas*, peuple de même origine que les Hottentots, de lui céder, dans la partie septentrionale du fleuve, une étendue de terrain pour y bâtir son chétif village.

Les colons hollandais non moins que le gouvernement britannique du Cap firent diverses tentatives pour punir le Hottentot rebelle. On envoya des détachements de troupes sur le territoire du fleuve. Africaner les brava ; ils n'osèrent approcher de son territoire. Alors les propriétaires du nord de la colonie réussirent à susciter à leur redoutable adversaire un nouvel ennemi. Ils gagnèrent à prix d'argent une tribu de celles qu'on appelle Hottentots-bâtards, et qui vivait près la partie supérieure du fleuve. *Berend-Berend* , ainsi se nomme son chef, reçut triple récompense. Dès ce moment et pendant de longues années, Berend et Africaner furent ennemis à mort. Africaner découvrit bientôt les instigateurs de cette guerre. Enflammé de rage, il se leva et franchit inopinément les limites de la colonie pour tirer une sanglante vengeance des Hollandais. La demeure solitaire d'un propriétaire, nommé Engelbrecht, fut envahie et pillée, ses troupeaux enlevés. Engelbrecht lui-même périt misérablement sous les coups d'Africaner et de ses gens.

Ainsi éclata en flammes dévorantes le feu secret qui avait couvé dans le sein de ce païen. Le mal, que renferme le cœur naturel de l'homme, l'avait mené bien loin. *Africaner était devenu un chef de brigands!* Dès-lors il fut la terreur des populations limitrophes du Cap, la ruine de leurs troupeaux. D'une extrémité de la colonie à l'autre, ou redisait les forfaits épouvantables du fameux Africaner; le gouvernement mit sa tête à prix, promettant mille écus à celui qui l'amènerait mort ou vif. Et comme il était l'épouvante des blancs, il le fut bientôt aussi de tous les habitants du pays des Namaquas. Le brigandage était devenu sa vie. A la moindre offense, sous le plus frivole prétexte, il tombait sur leurs villages, pillait, égorgeait, incendiait, et n'épargnait ni les femmes ni les enfants. Son âme exaspérée se délectait à la vue de scènes déchirantes et horribles. Africaner fut le lion du dé-

sert. Lorsque plus tard la grâce de Dieu
en eut fait un homme nouveau, un chef
namaqua, contemplant avec étonnement
les traits paisibles d'Africaner, dit au missionnaire Moffat : « Voyez cet homme-là !
il était ce lion à l'approche duquel les
habitants de villages entiers s'enfuyaient
de leurs cabanes. Oui, moi-même je me
suis réfugié souvent, avec tout mon peuple, dans les cavernes des montagnes ou

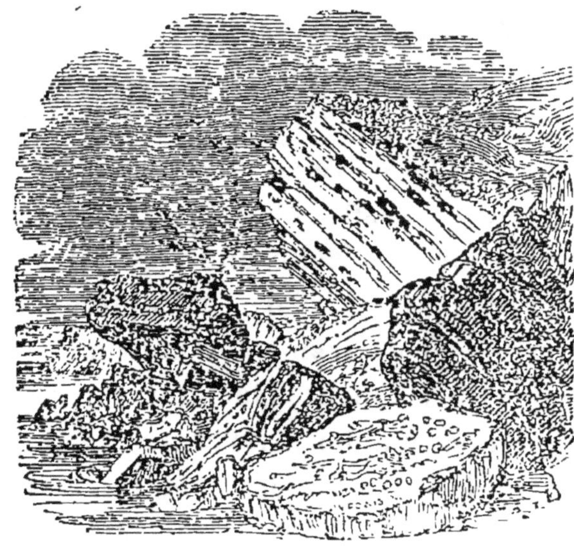

dans l'immense désert. Nous aimions mieux
passer la nuit avec les bêtes féroces, que

de rencontrer le regard de ce lion et d'entendre le rugissement de sa voix terrible ! »

Africaner avait une tactique qui le rendait presqu'invincible. Il marchait avec sa petite troupe droit à l'ennemi, le chassait des broussailles et des retranchements, et, l'attaquant en plein champ, mettait fin d'un seul coup au combat. Quand lui ou ses gens couchaient en joue, la balle, on le savait, était presque toujours meurtrière. Rien n'égalait la fierté et l'audace de *Titus*, frère d'Africaner ; c'était un homme de petite taille, mais d'une rapidité et d'une persévérance à la course étonnantes. Un jour il atteignit seul une vingtaine d'ennemis, armés de fusils, et ne revint qu'après que son arme eut éclaté entre ses mains. Il était homme à sourire tranquillement au moment où il venait d'étendre un lion raide-mort à ses pieds. Quelquefois, voulant se donner un plaisir de chasse, il prenait sa carabine, se rendait à nuit close au fleuve Orange, et cherchait à la nage quelque rocher isolé au milieu du courant. Il attendait là l'approche d'un hippopotame ; puis, quand le monstre était trop près de lui et ouvrait déjà son épouvantable gueule pour l'engloutir, il lâchait froidement son coup.

Les batailles les plus sanglantes se livraient entre Berend et Africaner, l'un excité par l'appât du gain, l'autre aiguillonné par le désir de frapper, dans leur allié, ses oppresseurs hollandais. Dans une de ces rencontres, le parti d'Africaner, de beaucoup le plus faible en nombre, avait eu le dessous contre Nicolas Berend, frère du chef. Du matin au soir, ils avaient soutenu un combat désespéré, tantôt repris, tantôt perdu leur bétail. Enfin ils se retirèrent ; ils tuèrent les quelques veaux qui leur restaient, et en séchèrent la chair au soleil. Munis de cette provision de bouche, ils se mirent de nouveau en marche pour recommencer la guerre. Pendant plusieurs jours, ils parcoururent le côté septentrional du fleuve, cherchant leur ennemi. Ayant appris par des es-

pions qu'il était campé sur le bord méri-
dional du fleuve, ils le traversèrent à la
nage, au milieu de la nuit, portant les vi-
vres sur la tête, et les armes sur les épau-
les. Les ennemis dormaient paisiblement,
lorsque, tout-à-coup, ils sont réveillés
par une grêle de pierres; se précipitant
hors de leurs cabanes, une nuée de flè-
ches les assaille, et avant qu'ils aient le
temps de se reconnaître, une forte dé-
charge de mousqueterie achève leur dé-
route. Ils laissèrent entre les mains du
vainqueur et les troupeaux pillés et ceux
qui leur appartenaient en propre.

Voici un autre trait remarquable que
nous offre l'histoire de cette guerre. Titus
Africaner et Nicolas Berend s'étaient ser-
rés de près pendant plusieurs heures,
cherchant à s'enlever un troupeau. L'un
et l'autre tâchaient de se faire, tantôt des
broussailles, tantôt du troupeau, un abri
contre la balle de son adversaire. Tout-à-
coup il se fait une ouverture dans le troupeau, et les deux ennemis se trouvent

face à face. Ensemble ils mettent en joue, ensemble ils touchent à la détente, ensemble les coups partent. Et voici qu'au même instant une génisse s'était portée entre les combattants qui reçut dans le milieu de ses flancs les balles meurtrières. Sans cet incident, les deux adversaires eussent mordu la poussière au même instant, car l'un et l'autre ne manquaient guère son but. Le danger imminent où se trouva leur vie, et la délivrance signalée qui la sauva, ne s'effaça jamais de leur mémoire.

IV.

LE CHEF DE BRIGANDS AFRICANER ENTEND POUR LA PREMIÈRE FOIS LA BONNE NOUVELLE DU SALUT.

Ce fut en 1806 que, pour la première fois, des missionnaires arrivèrent dans le pays des Namaquas pour prêcher, dans ce coin reculé de la terre, l'Évangile de Jésus-Christ, adressé à tous les hommes.

Ils étaient envoyés par la société des missions de Londres. Ils trouvèrent un pays aride qui ne peut nourrir qu'un petit nombre d'habitants ; un ciel presque constamment sans nuages, un sol couvert de sables brûlants et de roches nues. Pendant la plus grande partie de l'année, les rivières ne présentent qu'un lit desséché, dans lequel il faut creuser à une grande profondeur pour en tirer, comme si c'était de l'or, une eau saumâtre. Çà et là près d'une source jaillissante, on rencontre un petit espace qui offre au bétail une herbe chétive et permet à l'homme de tenter un peu de culture. Tout l'espoir du pays est dans les terribles orages qui, de temps en temps, mais trop rarement, viennent arroser la terre, désaltérer les animaux et ranimer les forces de l'homme défaillant. Souvent, hélas ! quand les nuages, si ardemment désirés, se lèvent enfin à l'horizon, le vent s'en empare et les chasse par dessus les têtes des habitants, sans laisser tomber à terre une seule goutte d'eau.

Dans ce pays désolé, les hommes que l'amour de Christ avait portés au-delà des mers fixèrent leur demeure. Près d'une source chaude et salie, à la distance d'environ cent milles anglaises du village d'Africaner, ils construisirent une maison

d'habitation, une école et une chapelle. Le lieu fut appelé *Warmbad* (bain chaud). Peu à peu les missionnaires rassemblèrent autour d'eux un certain nombre d'indigènes et de Hottentots-bâtards, venus du territoire de la colonie ; et, au milieu de privations et de renoncements de tous genres, avec beaucoup de patience et une

1*

grande foi, ils semèrent la semence du ciel, la parole de vie.

Un peu plus tard, on vit paraître de temps en temps, au nombre des auditeurs de Warmbad, un homme au regard sévère, qui semblait écouter les missionnaires avec une extrême attention lorsqu'ils parlaient de l'amour dont Dieu a aimé tous les hommes. C'était le fameux chef de brigands, Africaner. Un jour, il leur dit : « Puisque les Anglais vous ont envoyés, soyez les bien-venus ! Je hais les Hollandais parce qu'ils m'ont opprimé ; mais j'aime les Anglais, car j'ai toujours oui dire qu'ils sont les amis de l'homme à peau noire. » L'amour et la sainteté qui respiraient dans la vie de ces hommes de Dieu, et qui n'étaient point de ce monde, firent impression sur Africaner. La confiance dans la sincérité et la pureté de leurs intentions pénétra dans cette âme farouche. Il leur confia quelques-uns de ses enfants pour leur enseigner la lecture et la Parole de Dieu ; et lorsqu'il apprit

leur dessein de chercher un meilleur éta-
blissement, il leur envoya message sur
message pour les supplier de ne pas aban-
donner cette contrée. Il était touché,
disait-il, des progrès de ses enfants, et

pensait à envoyer aux missionnaires ceux
qu'il avait retenus auprès de lui. Enfin, Africaner vint se fixer lui-même avec une partie
de sa tribu dans le voisinage de la station.
Dès ce moment il fréquenta assez régu-
lièrement les assemblées et reçut chez lui
les missionnaires. Il semblait que, dans les

ténèbres de cette âme païenne, le jour commençait à poindre ; un faible crépuscule annonçait le départ de la nuit, mais il ne voyait pas encore distinctement. Il en était de lui comme de l'aveugle de l'Évangile, qui « vit marcher des hommes comme si c'étaient des arbres. »

V.

RECHUTE D'AFRICANER.

La puissance du péché est difficilement brisée dans une âme humaine ; l'ennemi s'agite quand une proie doit lui être enlevée. Africaner va retomber bien bas.

Les gens réunis autour des missionnaires à Warmbad étaient pleins de défiance envers lui. Le voisinage du brigand mal famé et couvert de sang leur déplaisait. Il y eut des frottements entre eux et sa tribu. Alors, imitant l'exemple d'Abraham et de Lot, Africaner et les missionnaires, pour mettre fin aux disputes, résolurent de se séparer en paix. Le chef hottentot se retira dans son ancien village. Mais bientôt cette paix dut être troublée d'une manière bien plus grave encore. Africaner, proscrit de la colonie, eut le désir de se procurer, dans la ville du Cap, un chariot de voyage. Il donna commission à un homme, appelé Jean Drayer, de l'acquérir pour lui, et lui remit trente bœufs, dont vingt étaient destinés au paiement du prix de la voiture, et les dix autres à l'amener. Drayer se mit en route. Mais, après avoir franchi les limites de la colonie, un propriétaire le rencontra, auquel il devait une forte somme d'argent. Celui-ci, voyant enfin le mauvais débiteur en son pouvoir, mit la main sur ses bœufs et les enleva.

Drayer, n'osant informer Africaner de ce qui venait de se passer, se rendit à une station de mission, située sur la frontière de la colonie où il séjourna quelque temps. Quand Africaner apprit le sort de ses bœufs, il se mit à la recherche de Drayer, pour lui en demander compte ; Drayer, au lieu de s'humilier, l'ayant reçu avec insolence, Africaner le châtia ; sur quoi Drayer saisissant son fusil coucha en joue Africaner, qui le massacra sur le champ. Alors les amis de la victime, cherchant à la venger, excitèrent contre le meurtrier les sauvages Namaquas, qui, ayant échoué dans une première attaque, demandèrent du secours auprès des habitants de Warmbad. Il s'en trouva malheureusement, surtout parmi les Hottentots-bâtards, enorgueillis par leurs rapports avec les Européens, qui bravèrent les avertissements des missionnaires. Il n'en fallut pas davantage pour renverser de nouveau de fond en comble l'âme d'Africaner. Se croyant trahi dans la confiance qu'il avait accordée aux missionnaires, sa douleur se changea en exaspération. Toute sa furie d'autrefois bouillonnait en lui ; il jura de tirer une terrible vengeance des missionnaires, et de toute la station de Warmbad.

Alors commença, pour les hommes de

Dieu et leurs familles, une époque de terreur. Pendant un mois entier ils atten-
daient, chaque jour et à toute heure, l'arrivée d'Africaner et de sa horde de brigands. La vaste plaine autour d'eux ne
leur offrait aucun refuge. Point de gorge
de montagnes, point de caverne où ils
pussent se retirer ! Ils passèrent une se-
maine dans des trous profonds qu'ils
avaient creusés dans la terre, pour se garantir des balles. Une toile étendue sur
l'ouverture de la fosse les protégeait fai-
blement contre les rayons d'un soleil tom-
bant verticalement sur leurs têtes. Jour
et nuit une chaleur accablante les consu-
mait; enfin, le cœur navré, ils résolurent de se retirer sur le territoire de la
colonie. Les habitants de Warmbad se
dispersèrent.

Cependant Africaner, altéré du sang
des saints de Dieu, ne respirant que carnage, approchait. Partout il répandait la
misère et la désolation. *Devant* lui fuyaient
les restes des tribus vaincues des Namaquas;

derrière lui, des cadavres, des villages incendiés, des scènes d'horreur, marquaient sa route. Enfin il arriva à Warmbad. Trouvant le lieu désert, il le livra au pillage. Tout fut enlevé jusqu'aux effets ensevelis dans la terre. Au moment de partir, quelqu'un des brigands jeta un brandon dans les demeures abandonnées. Les bâtiments de la mission, toutes les huttes du village prirent feu, et bientôt il ne resta plus de la station qu'un monceau de cendres. — Africaner se retira de Warmbad avec l'orgueil d'un vainqueur. Toutefois, en contemplant l'incendie, il ressentit au-dedans de lui un trouble secret. Il emporta de ces ruines quelque chose qui ressemblait à du repentir. Les missionnaires chassés priaient pour la mission et pour le malheureux Africaner.

VI.

N COMBAT DONT LE SEUL TÉMOIN FUT
CELUI QUI VOIT DANS LE SECRET.

Africaner, ce semble, était tombé
us bas que jamais. Livré à toute la fa-
uche violence de ses passions, il avait
té loin de lui le chandelier de la vérité
ivine. Non content d'être l'ennemi de
us les hommes, il était devenu l'ennemi
charné de la cause de Dieu.

Cependant Dieu avait recueilli en ses
aisseaux les larmes de ses serviteurs,
t compté leurs soupirs. Aucun homme
e savait, ne se doutait même de ce qui
e passait alors dans l'âme du chef de
rigands. Souvent, quand il était seul et
ue son regard errait sur la vaste plaine,
es pensées qu'autrefois les discours des
erviteurs de Jésus-Christ avaient susci-
ées en lui revenaient à son esprit. Con-
emplant silencieusement les œuvres de la

création, il se demandait : — « Comment
sont-elles venues à l'existence ? Serait-il

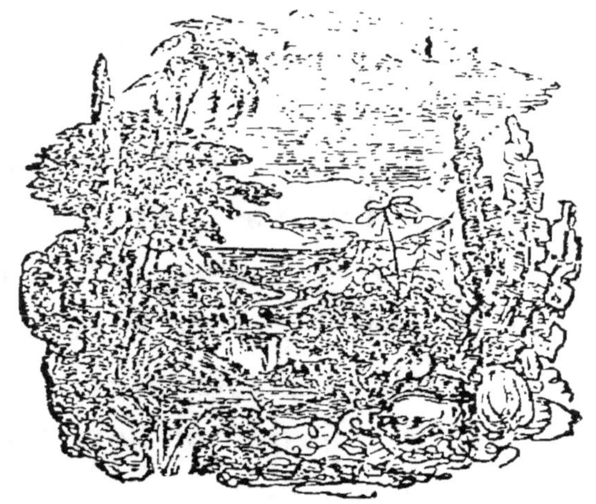

vrai qu'un Etre tout-puissant les a fait sortir du néant ? Mais comment se fait-il
alors, que les Namaquas et les Hottentots n'en sachent absolument rien ? Au-
raient-ils oublié le nom du Créateur ? N'y
a-t-il parmi les hommes que ces quelques
missionnaires qui le connaissent, ou bien
cette connaissance n'est-elle venue que
tout récemment dans le monde ? Pourquoi
Dieu ne parle-t-il pas du haut des cieux
aux enfants des hommes ? — C'étaient les

pensées que roulait en son esprit le chef hottentot. Puis, quand il se souvenait de l'Évangile, que les messagers de Christ avaient prêché aux Namaquas, et qui se résume en ces mots : « Dieu a un grand amour pour les hommes ; » il se demandait si le livre, que jadis il avait vu lire aux colons hollandais, parlait de ce Dieu-là? Alors tout son esprit se troublait. Si ces colons, se disait-il, adorent un tel Être, ce doit être un tout autre Dieu que le Dieu d'amour que prêchaient les missionnaires. » Quoi qu'il en soit, un aiguillon était resté dans l'âme d'Africaner, et c'est en vain qu'il s'efforçait de l'arracher par le souvenir amer des cruautés exercées jadis contre lui par des soi-disant chrétiens.

A cette époque, où son âme était suspendue entre la mort et la vie, entre le ciel et l'enfer, où il cherchait à bannir pour toujours de son esprit les pensées de révélation, de mort, d'immortalité, Dieu lui parla par un songe. Il rêvait de se trouver au pied d'une montagne escarpée qu'il lui fallait traverser. Un étroit sentier conduisait le long d'un rocher à pic jusqu'au sommet. A gauche l'œil plongeait dans un effroyable abîme, plein de feu et de fumée, comme une fournaise ardente. La foudre y jetait incessamment sa livide lumière. Tremblant de tout son corps à cet aspect, il se retourna cherchant à découvrir un autre chemin, quand du haut du rocher retentit une voix semblable au tonnerre, disant : « Il n'y a point d'autre chemin pour arriver ici que le *chemin étroit !*» Il tenta alors de le gravir. Mais la chaleur répercutée par le rocher à sa droite, contre lequel il marchait serré, était plus insupportable encore que celle qui montait de l'abîme. Les forces lui manquèrent. Il allait s'évanouir. Tout-à-coup, jetant un regard au-delà du gouffre incandescent, il aperçut un homme debout sur une colline verdoyante, éclairée d'un brillant soleil. Cet homme s'approche jusqu'au bord du précipice et lui fait signe d'avancer. Il

reprend courage et couvrant de la main
sa joue brûlante, il pénètre à travers flammes et fumée, endurant ce qu'il semblait
impossible à l'homme d'endurer, et enfin
arrive au sommet. Là tout était resplen-
dissant de magnificence et de gloire. Lorsqu'il voulut adresser la parole à son bien-
faiteur, il s'éveilla !

Africaner ne put jamais oublier ce songe.
Il en était poursuivi et tourmenté comme si
un dard était entré en sa chair. Réfléchis-
sant à ce que signifiait cette étrange vision,
son cœur ne trouvait de repos que lorsqu'il
s'assurait que le sentier représentait le
chemin étroit qui conduit de la perdition
éternelle à l'éternelle vie, de l'enfer au
ciel. L'inconnu qui lui avait fait signe,
c'était sans doute, se disait-il, le Sauveur
des hommes qu'annonçaient les missionnaires de Warmbad. Bien souvent Africaner
se plaisait à le raconter plus tard ; bien
souvent il s'adressait à lui-même cette
question : « Quand te faudra-t-il passer
par ce chemin étroit ? Grâces à Dieu, ajou-

tait-il avec des larmes de joie , j'y ai passé maintenant ! »

VII.

LA PAROLE DE DIEU EST PRÊCHÉE DANS LE VILLAGE D'AFRICANER.

L'an 1813, M. Campbell, délégué de la société des missions de Londres, visita les stations du sud de l'Afrique. Sa

route le conduisit le long des rives méridionales du fleuve Orange. Dans chaque

village, partout où il passait, il trouva les populations saisies d'effroi au nom redoutable d'Africaner. Le bruit courait qu'il allait venir, et tout le monde tremblait. M. Campbell et ses compagnons de voyage ont avoué eux-mêmes que jamais en leur vie ils n'avaient ressenti un effroi pareil à celui qu'ils éprouvèrent alors. Pénétré de la nécessité de garantir les postes missionnaires de ce fléau, et animé du désir de dissiper les nuages qui avaient causé la rupture de la bonne harmonie, plein de foi en Celui qui incline les cœurs des hommes comme des ruisseaux d'eau, M. Campbell écrivit à Africaner une lettre de réconciliation. « Le bon peuple anglais,
» lui disait-il, est prêt à tout pardonner, à
» tout oublier. Il sera heureux de vous en-
» voyer un missionnaire pour instruire vo-
» tre peuple et vos enfants, si vous voulez
» le bien recevoir et le traiter avec égard.»
Un fidèle serviteur de Christ s'offrit de porter lui-même la lettre dans la tanière du lion. Il n'y trouva pas Africaner, mais

il sut faire parvenir la lettre à son adresse.

La réponse d'Africaner fut favorable. Dès-lors, un serviteur de Dieu demeura dans son village, prêchant aux brigands l'Evangile de paix. — Au bout de quelque temps, Africaner, ses frères David et Jacob, ainsi que d'autres membres de la tribu, demandèrent à être reçus, par le saint baptême, dans le sein de l'église chrétienne. Le chef déposa son nom de Jager et prit celui de *Christian Africaner.* Cependant, tout en prenant un nom nouveau, Christian n'avait pas revêtu encore une nature nouvelle. Lui et les siens se montraient toujours défiants, astucieux et redoutables. Le lion, endormi dans le cœur de l'ancien chef de brigands, menaçait constamment de se déchaîner de nouveau.

En 1817, le missionnaire *Moffat* arriva d'Angleterre. Lorsqu'il traversa la partie frontière de la colonie, annonçant que sa destination était le village d'Africaner, où désormais il allait prêcher l'Evangile de

Christ, tous les colons hochaient la tête.
L'un disait : «Africaner fera de vous une
cible pour exercer ses fils au tir. » Un
autre : « Il vous arrachera la peau et en
fera un tambour qui marquera la mesure
des danses du soir. » Un autre encore :
« Votre crâne lui servira de bocal. » Une
bonne vieille femme voyant partir Moffat
essuyait ses larmes en disant : « Si vous
étiez un homme âgé, vous seriez moins
à plaindre ; d'une manière ou d'une autre
il vous faudrait bientôt mourir ; mais,
si jeune encore, aller se jeter sous les
pattes de ce monstre !... »

VIII.

LE MISSIONNAIRE MOFFAT ARRIVE AUPRÈS D'AFRICANER.

Lorsque Moffat, dans son chariot, attelé
de bœufs, eut atteint le village d'Africaner, il fut reçu assez froidement de
sa future paroisse. Une heure au moins

s'écoula avant que le chef parut pour lui souhaiter la bienvenue. Arrivant enfin, il le regarda fixement, et demanda si c'était *lui* qui était le missionnaire qu'envoyaient les directeurs de la société de Londres?—Moffat n'avait que vingt ans, son regard était doux et débonnaire ; ses manières avaient quelque chose d'ouvert et de généreux qui lui gagnait les cœurs. Il trouva grâce devant le chef. « Vous êtes jeune encore, » lui dit-il, et j'espère que vous demeu- » rerez longtemps avec nous. » Puis il fit appeler les femmes. Les unes apportèrent des nattes de jonc, les autres de longues perches. Indiquant une place près d'un grand arbre : « C'est là, dit le chef, » que vous allez construire la maison du » missionnaire. » Aussitôt elles se mettent à l'œuvre ; car dans ce pays-là les femmes sont les architectes. Elles dessinèrent un cercle sur le sol, enfoncèrent les perches, les attachèrent ensemble par le bout et couvrirent le tout de nattes. Dans une demi-heure la maison fut achevée. Le premier événement qui signala les débuts de Moffat, fut une scène qui le fit trembler pour l'avenir de sa mission. Titus Africaner, le frère violent et hautain du chef, l'ennemi juré des chrétiens, couvrit son prédécesseur, en présence de tout le peuple, et sous les yeux du chef qui gardait le silence, des injures les plus outrageantes. A tout moment on s'attendait à lui voir porter sur le missionnaire une main homicide. Le second événement fut le départ de son compagnon d'œuvre. Le cœur brisé, il vit avancer le chariot, charger les effets, puis toute la famille s'éloigner. Maintenant, Moffat restait seul. Personne à qui il put demander conseil ou consolation ! Personne auprès de qui, dans la communion des saints, son cœur pût se rafraîchir et se ranimer ! Les habitants du village se tenaient à distance ou jetaient sur lui des regards pleins de défiance. Sa cabane ne le garantissait point contre les rayons d'un soleil ardent. La pluie la perçait de toutes parts ; souvent, la pous-

sière chassée par le vent l'obligeait à s'en-
fuir. La nuit, des chiens sauvages y en-
traient et lui dérobaient sa pitance du len-
demain. D'autres fois, il trouvait un ser-
pent venimeux à la place où il allait pren-
dre du repos. La contrée était d'une sé-
cheresse et d'une stérilité désolantes. Le
sol ne produisait ni pain, ni légumes, ni
fruits ; à peine çà et là un maigre pâ-
turage, car l'eau manquait partout. La
ville du Cap était éloignée de plusieurs

centaines de milles. Isolé de toute civilisation, il n'y avait aucun moyen de se
procurer ni provisions, ni conforts. Un
jour un peu de lait, un autre jour un
morceau de viande aussi dure que du cuir
sans sel et sans pain ; voilà quelle était
la nourriture du missionnaire. Souvent
il se serrait une lanière autour du corps,

pour amortir les douleurs de la faim. Moffat avait laissé dans sa patrie une mère chérie, une mère chrétienne, dont il était séparé par un immense désert et par l'Océan sans bornes. Dans une telle situation, le jeune soldat de Christ fut appelé à se sonder jusqu'au fond de la conscience et à se demander : Pourquoi es-tu venu ici ? Ton cœur s'est-il donné entièrement à son Sauveur ? Es-tu résolu à tout faire et à tout souffrir pour accomplir la volonté de Dieu, au service duquel tu es entré ? Quand la tristesse était près de le surmonter, il allait se prosterner parmi les blocs de granit épars dans la plaine, devant son Dieu-Sauveur, et répandre en son sein son âme angoissée. Alors il entendait dans l'intime de son cœur une douce voix qui lui répondait : « *C'est ici le chemin, marches-y.* »

Richement consolé en son Dieu, il saisissait son violon, et assis à l'ombre d'un rocher, il chantait, en s'accompagnant, les louanges de Dieu.

IX.

LE LION DEVENU UN AGNEAU.

Moffat entreprit son œuvre avec courage. Il commençait et terminait chaque jour par un service religieux. Outre cela, il tenait une école qui durait de trois à quatre heures. Bientôt Christian Africaner devint son auditeur le plus assidu. Le missionnaire se fût plutôt attendu à ne pas voir le soleil se lever, que de voir manquer au culte le chef de la tribu. Cet homme, déjà sur le déclin de l'âge, se mit, avec toute l'ardeur d'un jeune croyant, à apprendre à lire. Il donna de plus en plus des preuves de son affection pour Moffat. Un jour, s'étant aperçu que son maître bien-aimé se trouvait dans la pénurie, il vint lui offrir en présent deux de ses meilleures vaches. — Et lorsque Moffat qui, dans les commencements, supportait difficilement l'excessive chaleur et la mauvaise nourriture, tomba gravement malade d'une fièvre bilieuse, il vit, dans un intervalle de rêveries, Africaner, assis près de son lit, le regard plein de la plus anxieuse tendresse et les yeux baignés de larmes. La sérénité ne se rétablit que lorsque le missionnaire fut entièrement rétabli.

Enfin, *le temps favorable, le jour du salut était arrivé*. Africaner ne se sépara plus de son Nouveau-Testament. On le voyait, durant des jours entiers, assis à l'ombre d'un rocher, lisant, sondant les révélations de Dieu ; ou bien, seul dans sa hutte, il était tellement absorbé par sa lecture, que l'on entrait et sortait sans qu'il s'en aperçût. Toute son âme était engagée dans la contemplation des choses de Dieu. Souvent, la nuit, il s'asseyait avec son maître sur une pierre devant sa hutte, s'entretenant avec lui de la création du monde, de la providence de Dieu, de la rédemption des pécheurs et de la gloire de la vie à venir. L'entretien durait encore quand les premières lueurs matinales mon-

taient à l'horizon. Lorsqu'il lui restait des obscurités dans l'esprit sur le sens des paroles qu'il avait lues, il se hâtait de chercher instruction, répétant de mémoire et mot à mot des passages entiers de la Bible. Moffat aimait à diriger ses pensées vers la beauté, l'étendue et la majesté des œuvres

de Dieu, vers ces myriades de mondes étin-
celants, semés dans l'espace. Alors, posant
la main sur sa tête, comme s'il éprouvait
de la douleur, Africaner s'écriait : « Assez!
assez! ma tête n'est pas capable de contenir toutes ces choses! »

Dès ce moment, sa conduite, selon le
témoignage du missionnaire, fut irrépro-
chable. Africaner devint un homme de
paix, l'ami du pauvre et du malheureux,
le père de son peuple. Vous l'auriez vu,
ce chef naguère si altier, aider le missionnaire à laver près de la fontaine les
salles visages d'une centaine d'écoliers,
et nettoyer les toisons pleines de vermine
dont ils se couvraient. Son cœur était le
plus tendre et le plus compâtissant que
l'on pût rencontrer. De quelque part que
lui vînt la nouvelle d'une détresse, il y
sympathisait. Il pleurait avec ceux qui
pleurent. Et quoiqu'il fût bien loin d'être
riche, il se montrait toujours disposé à
tendre une main secourable aux veuves
et aux orphelins. Quand il apprenait que

la discorde régnait parmi les tribus voisines de Namaqua et que, enflammées de rage les unes contre les autres, elles allaient recommencer des scènes de carnage, il se levait aussitôt et allait se poser en arbitre entre les ennemis. Lui, qui n'avait qu'à lever son bras ou à brandir une lance pour les faire tous trembler, il était là au milieu d'eux dans l'attitude d'un suppliant, les conjurant de se réconcilier. Rappelant à ces païens étonnés sa propre vie passée : « Qu'ai-je » maintenant, s'écriait-il, de tant de combats que j'ai livrés, et de tant de troupeaux que j'ai enlevés ? Rien que honte » et que remords ! »

Ainsi, par la vertu de Celui qui est la paix et la rédemption des hommes, Africaner était devenu un enfant de paix, un homme doux et humble de cœur; tout son être était changé, les traits même de son visage avaient pris une expression pleine de candeur et de bénignité. Un jour, Moffat, assis en face de lui, le regardait fixement, absorbé par ses réflexions.

« Puis-je savoir, demanda modestement Africaner, pourquoi vous me considérez ainsi ? » — « Je m'efforçais, répondit Moffat, de me représenter comment vous étiez au temps où vous mettiez à feu et à sang toutes les contrées d'alentour. Je ne puis m'imaginer que des yeux comme les vôtres aient jamais pu sourire à la vue des calamités d'autrui. » A ces paroles, Africaner répondit par un torrent de larmes.

Le chef de la famille ne fut pas le seul à donner son cœur à l'Evangile. Ses frères, David et Jacob, étaient de fidèles et fervents serviteurs de Dieu Titus lui-même, quoiqu'il n'eût pas encore la foi, devint plus doux et plus bienveillant. Il assistait volontiers aux entretiens du missionnaire et de son frère, et disait à Moffat, avec un accent de douleur : « Hélas ! mon cœur
» est trop endurci dans le péché ; j'entends
» bien ce que vous dites, et parfois il me
» semble que je le comprends ; mais mon
» cœur est incapable de rien sentir. » La bénédiction d'en-haut et l'œuvre du Saint-

Esprit se répandaient sur toute la tribu.
Moffat assista des mourants qui, jadis la
proie de l'ignorance et du vice, s'endor-
maient paisiblement dans la foi au Sauveur.
Ils se réjouissaient de quitter ce monde,
s'écriant avec transport : « Maintenant,
le temps du péché est passé pour nous. »
Un jour, Moffat entra dans une cabane
où une mère âgée et vénérable était près
d'expirer. Ses regards étaient fixés au ciel,
et sur ses traits rayonnait une douce paix.
« J'attends la venue du Seigneur Jésus, »
dit-elle au missionnaire ; et s'apercevant
qu'il regardait sa fille encore inconvertie,
qui pleurait au pied de son lit, elle ajouta :
« Je l'ai faite venir, afin qu'elle voie comment meurt un chrétien ! »

X.

VOYAGE D'AFRICANER DANS LA VILLE DU CAP.

Après deux ans de séjour dans le village

d'Africaner, Moffat fut appelé à se rendre
à la ville du Cap. Il lui proposa de l'ac-

compagner. Cela paraissait une entreprise
fort hasardée ; car Africaner était encore
proscrit, et sa tête mise à prix. Cependant, sur les représentations de Moffat,
qui lui faisait comprendre qu'une visite
auprès du gouverneur ne pouvait qu'avoir
des conséquences très-avantageuses pour
lui et les siens, et que probablement elle
serait le moyen de consolider entièrement
la paix entre lui et la colonie, Africaner
se résolut à tenter ce voyage.

Pendant que les voyageurs traversaient
les contrées habitées par les colons hollandais, il fallut observer beaucoup de
précautions pour qu'Africaner ne fût pas
reconnu. Moffat le fit passer pour son do-

mestique. Le prince hottentot, maître dans sa tribu où il avait droit de vie et de mort, n'eut pas besoin de déguisement pour entrer dans son rôle. Une jaquette usée, des culottes de peau, et un chapeau rapé dont la couleur n'était plus appréciable, voilà ce qui composait sa mise habituelle. Partout on saluait Moffat comme un homme échappé des griffes d'un lion. Ils passèrent près de la maison d'un propriétaire, que Moffat

avait appris à connaître, lors de son premier voyage. C'était un homme bienveillant et ami de l'Evangile. Sa demeure était située sur une colline. Moffat fit arrêter le chariot et se dirigea vers la maison. Le propriétaire voyant venir un étranger se hâta d'aller au-devant de lui. Mais plus il en approchait, plus il ralentissait sa marche : lorsqu'ils n'étaient plus qu'à la distance de quelques pas l'un de l'autre, Moffat tendit la main à son hôte comme à une ancienne connaissance. Celui-ci retira la sienne brusquement, et d'un air effaré s'écria : — Qui êtes-vous ? — Je suis Moffat, reprit le missionnaire ; ne me remettez-vous donc pas ? — Moffat ! reprit le colon, d'une voix étouffée par la frayeur, Moffat ! est-ce votre esprit ? Ne m'approchez pas ! Je sais qu'il y a longtemps qu'Africaner vous a tué ! — Je ne suis pas un esprit, répliqua Moffat, en se palpant les mains, comme pour lui faire comprendre qu'il était fait d'os et de chair. — Tout le monde dit que vous avez été tué, et un homme âgé m'a assuré qu'il avait lui-même vu vos ossements répandus dans le désert. Enfin, se reprenant peu à peu, le colon avança sa main tremblante, et dit avec bonhomie : Depuis quand êtes-vous donc ressuscité des morts ? — Les deux amis descendirent la colline, s'entretenant d'Africaner. Le missionnaire raconta le changement qui s'était opéré en lui, et comment il était devenu un homme entièrement nouveau : — « Je croirais volontiers, dit le Hollandais, tout ce que vous me dites; mais *cela*, il m'est impossible de le croire, ce serait la huitième merveille du monde ! » — Moffat lui rappela ce qu'enseigne l'Ecriture au sujet de la transformation entière et de la nouvelle naissance que la grâce de Dieu opère en celui qui croit. Il le fit souvenir de la conversion de Saul et de Manassé. — Ceux-là, répliquait le colon, étaient des hommes tout différents : Africaner n'est pas un homme comme un autre.

En discutant ainsi, ils arrivèrent près du chariot, et celui dont ils parlaient était assis devant eux dans l'herbe. Un sourire passait sur ses lèvres, à l'ouïe des discours de l'étranger : — « Bien ! dit celui-ci avec

gravité ; si ce que vous me dites d'Africaner
est vrai, il ne me reste qu'un désir, c'est
de voir encore cet homme avant que de
mourir. Quand vous repasserez ici, aussi
certainement que le soleil luit sur nos
têtes, j'irai avec vous visiter Africaner. »
Moffat ne put se contenir davantage, et
montrant du doigt l'homme qui était assis
à leurs pieds, il dit : — « Hé bien ! le voilà
Africaner ! » L'étonnement du Hollandais
ne peut se décrire. Après quelques mo-
ments d'un morne silence : « Etes-vous
donc réellement Africaner ? s'écria-t-il. »
Africaner se leva, ôta son chapeau, s'in-
clina avec modestie, et dit : « Je le suis. »
Lorsque le colon eut échangé avec lui
quelques paroles et se fut assuré qu'Africaner, le meurtrier, le brigand, le fléau
de tout le pays, était là, devant lui, un
humble et paisible disciple de Christ, il
leva avec attendrissement ses yeux au ciel
et dit : « O mon Dieu ! quel miracle de ta
puissance ! Que ne peut accomplir ta grâce
merveilleuse ! »

L'arrivée dans la capitale du fameux chef de brigands produisit une grande sensation. Le gouverneur eut de la peine à croire Moffat, quand il lui annonça la visite d'Africaner. Il l'accueillit avec bonté et exprima toute la joie qu'il éprouvait de voir l'homme, qui avait été pendant si longtemps la terreur de la colonie, changé par les efforts de la mission en un ami. Lui-même, qui autrefois nourrissait des préjugés contre l'œuvre missionnaire, en devint dès-lors le zélé promoteur. Il fit présent à Africaner d'un beau chariot de voyage, valant quatre-vingts louis d'or. Parmi les habitants de la ville du Cap, les uns admiraient les manières aimables, pleines de tact et de noblesse, de l'ancien chef de brigands. Les autres étaient édifiés de sa piété vivante, et de sa vaste connaissance des Ecritures. Lorsqu'il se fit entendre dans une assemblée publique de missions, plusieurs remarquèrent l'état de complète usure où se trouvait son Nouveau-Testament. Nul n'éprouvait plus de

joie à s'entretenir avec Africaner que le
délégué de la société des missions de Londres, M. Campbell, le même qui lui avait
jadis adressé la lettre de réconciliation,
et qui maintenant revenait pour la seconde
fois en Afrique. Celui qui l'avait fait
trembler, et pour lequel il avait prié avec
tant de persévérance, il le serrait maintenant sur son cœur comme un frère en
Christ!

XI.

FIN D'AFRICANER.

Il ne fut pas accordé à Moffat de re-
tourner à son poste avec Africaner, ainsi
qu'il en avait eu la ferme intention. La
société lui avait assigné un poste sur les
bords de la partie supérieure du fleuve
Orange. Là, un an plus tard, il vit Africaner pour la dernière fois. A cette occa-
sion, les deux anciens ennemis acharnés,
Berend-Berend et Africaner se rencon-
trèrent, tous deux convertis au Seigneur,

tous deux fervents disciples de Christ. Assis l'un à côté de l'autre dans une assemblée formée sous la tente des missionnaires, ils entonnèrent ensemble le cantique de louange et écoutèrent la prédication de cet Evangile de paix qui appelle tous les bouts de la terre à se tourner vers le Seigneur Jésus, et à trouver en lui seul la justice et la force ; puis, s'agenouillant sur la même planche, ils adorèrent ensemble leur commun Sauveur. Quelle scène plus touchante et plus digne d'être célébrée par les voix d'actions de grâces de l'armée céleste !

Africaner était maintenant rassasié de jours et le moment de son départ approchait. Peu de temps avant sa mort, il rassembla, comme Josué, son peuple autour de lui, et lui fit ses derniers adieux ? »

« Nous ne sommes plus, leur dit-il, ce » que nous étions autrefois. Nous ne som» mes plus des sauvages, mais des con» fesseurs de l'Evangile de Jésus-Christ » et de sa doctrine salutaire. Vivons donc

» d'une manière conforme à cette profes-
» sion. Autant qu'il est en vous, ayez la
» paix avec tout le monde. Restez unis
» comme vous l'avez été pendant tout le
» temps que j'ai vécu avec vous. Et si les
» directeurs de la société des missions
» vous envoient de nouveau un ministre,
» faites lui bon accueil ; recevez-le comme
» un messager de Dieu. J'ai bon espoir
» que Dieu vous accordera cette béné-
» diction quand je serai entré dans le ciel.
» Je sens que j'aime Dieu, et qu'il a fait
» beaucoup pour moi, qui en suis tout à
» fait indigne. Ma vie passée est souillée
» de sang ; mais Jésus-Christ m'a par-
» donné, et maintenant je vais dans le
» ciel. — Oh! gardez-vous de retomber
» dans les mauvaises actions où si long-
» temps je vous ai servi de guide. Cher-
» chez l'Éternel, et vous le trouverez,
» et il vous conduira dans le bon che-
» min! »

Ce fut l'an 1823 que Christian Africaner ferma les yeux. Aujourd'hui il y a de

nouveau, dans son village, un ministre de l'Évangile et la bénédiction d'en haut repose sur son travail. Le cœur de Titus Africaner a été enfin touché, et lui aussi croit de cœur au Seigneur Jésus.

Cher lecteur! cette histoire, que Dieu m'a fait la grâce de vous raconter, qu'a t-elle dit à votre cœur? Ne vous a-t-elle pas dit, que, si la prédication de l'Evangile opère de si grandes choses parmi les païens; les missions ne peuvent être que l'œuvre de Dieu sur la terre? S'il en est ainsi, associez-vous à cette œuvre; secourez les missionnaires par vos prières, et par les offrandes de votre libéralité.

Cher lecteur! que vous a dit encore cette histoire? Ne vous a-t-elle pas dit, que votre cœur, jeune ou vieux, pour entrer dans le royaume de Dieu, a besoin d'être converti, transformé, comme le cœur d'Africaner? Hé bien! cherchez le Dieu d'Africaner qui est le même, *hier, aujourd'hui et éternellement;* saisissez l'*Evangile de Christ qui est la puissance de Dieu à salut à tout croyant.* Menez deuil sur vos péchés comme Africaner, priez et lisez comme lui la Parole de Dieu et vous entendrez comme lui, de la bouche de Jésus, ce mot qui console et renouvelle : *Va-t-en en paix, tes péchés te sont pardonnés ! ta foi t'a sauvé !*

FIN.

TABLE DES MATIÈRES.

—

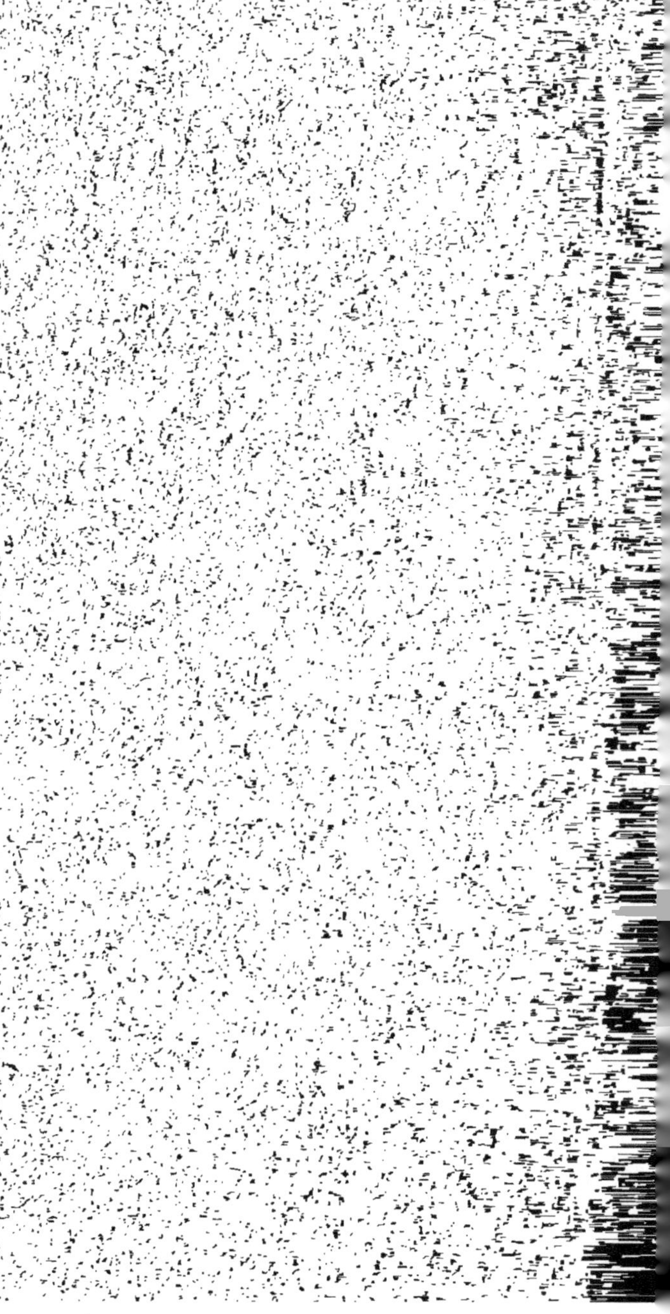

www.ingramcontent.com/pod-product-compliance
Lightning Source LLC
Chambersburg PA
CBHW061256060726
47596CB00002B/616